AF294669

Gitta Glöckner & Heinrich Dreier

Der magische Stift

oder

Hilfe zur Selbsthilfe

Bibliografische Information der Deutschen Nationalbibliothek: Die
Deutsche Nationalbibliothek verzeichnet diese Publikation in der
Deutschen Nationalbibliografie; detaillierte bibliografische Daten sind im
Internet über dnb.dnb.de abrufbar

3. Auflage: 2024
Copyright © 2017 by Eva Gitta Glöckner & Heinrich Dreier
Illustrationen: Eva Kampanokrousti
Herstellung und Verlag: BoD – Books on Demand, Norderstedt

ISBN: **9783758375323**

Ich hatte schon lange nichts mehr von meiner Freundin Joy gehört.

Warum ich gerade heute an sie denken musste, erschloss sich mir nicht sofort.

Ich hatte kein Foto in die Hand bekommen.

Ich fand auch nicht zufällig einen Brief von ihr, beim Durchsuchen meiner Papiere nach der PIN-Nummer für meine neue Postgirokarte.

Es war vielleicht die Unordnung, die in meinen Unterlagen herrschte.

Ich dachte jedenfalls, Joy hätte dieses Chaosproblem erst gar nicht. Sie hat Ahnung von Buchhaltung und bei ihr ist garantiert alles ordentlich sortiert und abgeheftet.

Das Telefon schrillte durch meine Gehirnwindungen.

„Hallo, Irene. Hier ist Joy. Wie geht es dir?"

„Haben dir die Ohren geklingelt?"

„Wieso?"

„Ich habe gerade an dich gedacht und es geht mir hervorragend, abgesehen von dem Durcheinander auf meinem Schreibtisch."

Wir plänkelten so ein wenig hin und her, von Gesundheit und Geldern über das Wetter, die Tomaten im Garten, bis hin zu Träumen und Urlaubsvorstellungen. Dann kam Joy zum eigentlichen Zweck ihres Anrufes.

„Irene, ich würde dich gern treffen, auf einen Kaffee vielleicht. Ich habe eine Überraschung für dich."

„Eine Überraschung? Für mich? Na, das klingt ja schon interessant genug. Wann und wo?"

„Geht es schon heute Nachmittag? Ich bin doch dann für die nächsten Monate weg, wie du weißt. Sagen wir sechzehn Uhr im „Klosterstübchen"?

„He, spielst du damit auf mein Noch-Immer-Single-Dasein

an?"
Wir lachten beide.
„Nein. Auf den Glauben."
„Gut, ich werde da sein."
Erst, als ich aufgelegt hatte, ging mir auf, was Joy zuletzt gesagt hatte – auf den Glauben?
Was sie wohl damit meinte?
Aber dafür war ja später noch Zeit, denn, huch, plötzlich hielt ich den Zettel mit meiner PIN-Nummer in der Hand.
Gefunden!
Welch ein Zufall?!

Kurz vor der vereinbarten Zeit schlenderte ich durch das schmale Gässchen, in dem das Klosterstübchen beheimatet war. Fachwerkhäuschen strahlten frisch renoviert und vermittelten mir ein anheimelndes Gefühl des Geborgenseins. Vom himmlischen Blauschimmer war nicht viel zu erkennen an diesem kleinen Himmelsgeviert über den Dächern. Dafür war es hier unten angenehm kühl zwischen diesen altehrwürdigen Mauern.

Das letzte Haus vor der Klostermauer beherbergte das gemütliche „Klosterstübchen", wo es alles gab, vom Wasser über Kaffee bis zu alkoholischen Getränken, und das über ein hervorragendes Speisenangebot verfügte.

Um diese Zeit zog der Duft von frisch Gebackenem durch die Gasse.

Ich trat ein. Hier in diesen Räumen hatten schon vor langer Zeit die Mönche ihr selbst gebrautes Bier getrunken und die noch aus dieser Zeit stammende Einrichtung versetzte jeden Besucher sofort in eine andere Ära.

Die lauschigen Nischen waren geradezu geschaffen für geheime Pläusche oder das Schmieden von Komplotten.

An unserem Stammtisch wartete schon Joy auf mich. Nach einer herzlichen Begrüßung durchstöberten wir erst einmal die umfangreiche Karte. Joy entschied sich für einen Klosterbruderkaffee und ein Stück frischen Erdbeerkuchen. Mir war ein Schokoladeneisbecher lieber, abgerundet von einer Tasse grünem Tee mit Vanillearoma.

Die Bestellung wurde gebracht und so, wie sich der Duft des Tees mit dem Kakaoschmelz des Kaffees vermischte, vermischten sich unsere Gedanken.

Wir beide konnten Stunden lang amüsante, aber auch interessante und tiefgründigere Gespräche führen. Aber heute siegte doch endlich meine Neugier, tat doch Joy so überhaupt nicht der Gleichen.

„Entschuldige, dass ich dich unterbreche. Aber jetzt möchte ich doch so langsam wissen, was für eine Überraschung du für mich hast."

„Ich dachte schon, du würdest nie fragen!"

Joy lachte, kramte in ihrer Riesenhandtasche und zog ein kleines längliches Päckchen hervor. Sie legte es mir feierlich vor die Nase.

Erstaunt schaute ich darauf.

„Das ist kein richtiges Geschenk, oder?"

„Nun ja, ein bisschen, aber auch nicht wirklich. Du sollst ES benutzen."

Nachdem ich immer noch das Päckchen anschaute wie das Kaninchen die Schlange und meinen nicht funktionierenden Röntgenblick anzuwenden versuchte, sagte Joy schließlich etwas ungeduldig:

„Nun mach es endlich auf. Es beißt nicht."

Vorsichtig, als ob ich hinter der ganzen Sache eher eine

Briefbombe vermuten würde, löste ich die Schleife und faltete das rote, Gold bedruckte Papier auseinander. Zum Vorschein kam ein gelbes Holzkästchen mit Schiebedeckel. So eins, was als erste Federtasche oder Aufbewahrungsort für Federkiele diente. Behutsam schob ich den Deckel auf und nahm den Stift heraus, der da einsam auf einer roten Samtunterlage ruhte.

„Das ist aber ein sehr edles Teil.“

Während ich den Gegenstand in der Hand wog, betrachtete ich ihn so ausführlich, als müsste ich die Teile zählen, aus denen er bestand.

Es handelte sich um einen Kugelschreiber. Sein Gewicht ließ darauf schließen, dass das Gold nicht nur ein einfacher Überzug war. Die Mitte des Stiftes, seine Taille quasi, umwand ein Gürtel aus echtem Tigerauge. Der Druckkopf war mit demselben Material verziert.

Bewundernd drehte ich das edle Geschenk in meinen Händen. Der Kugelschreiber lag fantastisch in meiner Hand, so als würde er schon immer dahin gehören.

Zum Dank umarmte ich meine Freundin etwas stürmischer als ich es normaler Weise tue.

„Womit habe ich überhaupt so ein ausgefallenes Geschenk verdient?“

Joy lächelte auf ihre hintergründige Art.

„Oh, sieh es als Dankeschön für deine Freundschaft, die Zeit, die du mir widmest. Dafür, dass du einfach mal zuhören kannst. Es fallen mir viele Gründe ein.“

„Ich danke dir von ganzem Herzen, obwohl das doch nicht nötig gewesen wäre. Aber du hast von einer Überraschung gesprochen. Nicht, dass du mich nicht mit deinem ausgefallenen Geschenk überrascht hättest. Aber so, wie du es am Telefon gesagt hast, steckt da wohl mehr dahinter.

Stimmt's oder habe ich Recht?"
Erwartungsvoll schauten wir uns in die Augen.
„Da bist du schon mal auf dem richtigen Weg, liebe Irene. Aber das kleine Geheimnis, was diesen Stift umgibt, musst du schon selbst herausfinden."
„Wie meinst du das denn, du unentdeckte Sphinx der Gedankenspiele? Wie soll ich das denn selbst herausfinden?"
„Das ist ganz einfach – in dem du ihn benutzt!"

Ich bin eigentlich kein großer Schreiber. Viel eher nehme ich das Telefon zur Hand oder ich schaffe höchstens eine Email. Aber so richtig einen ausformulierten, gut durchdachten Brief mit schlüssigen Sätzen, das hatte ich schon lange nicht mehr getan.
Der Stift lag auf seinem Samtkissen in seinem Holzkästchen und das stand auf meinem kleinen runden Couchtisch.
Das war eigentlich die einzige Veränderung in meinen Wohngefilden. Und doch hatte ich ein eher merkwürdiges Gefühl.
ETWAS WAR ANDERS!
Die Stelle, wo das Kästchen stand, sendete Energien aus. Es war so etwas wie eine Aufforderung. Würde ich an übernatürliche Dinge glauben, würde ich jetzt eine Botschaft des Stiftes erhalten: Nimm mich in die Hand und schreib mit mir!
So ein Schwachsinn!
Ich bin ein Tatsachenmensch und als solcher lasse ich mich durch eine Einbildung nicht von realen Gegebenheiten ablenken.
Wahrscheinlich kreisten meine Gedanken nur ständig um Joy's

Geschenk, weil sie so geheimnisvoll getan hatte. Aber: Ein Kugelschreiber ist ein Kugelschreiber ist ein Kugelschreiber, auch wenn es ein besonders exquisites Exemplar war.
Das Holzkästchen war ebenfalls sehr dekorativ mit seinem nostalgischen Hauch. Und so blieb es samt Inhalt da stehen, wo es stand.
Nach wenigen Tagen gehörte es zum Wohnungsbestand und war eine liebe Erinnerung an Joy, wann immer es in meinen Blickwinkel kam.
Aber der Tag sollte kommen, der mehr aus dem Stift machte als nur eine Dekoration.

Wutschnaubend wie ein vom Torero angestochener Stier, kam ich heute aus der Stadt zurück. Beim Aufschließen der Tür zitterten meine Hände so stark, dass ich kaum den Schlüssel ins Loch bekam. Gefahren war ich auch wie eine Windsbraut. Einmal konnte mich sogar ein leuchtendes Rot nicht aufhalten. Ich schimpfte nun, da ich allein und in meiner Wohnung war, lautstark vor mich hin. Aber so wenig wie das Rasen über den Asphalt halfen mir meine bösartigen Bemerkungen über meine Wut hinweg. Ich griff zum Telefon und wählte Joy's Nummer. Erst als der Anrufbeantworter ansprang, fiel mir ein, dass die Gute ja für einen längeren Sommeraufenthalt nach Rhodos gefahren war.
So ein Mist! Mit einem Knall fiel das Telefon auf den Küchentisch.
Also, jetzt komm mal wieder runter von deinem Baum, sprach ich mir selber Ruhe zu. Du machst dir jetzt erst einmal einen Tee und den trinkst du ganz langsam in deiner schönen Couchecke. Na, wenn's hilft. Dann mal los!
Ich füllte den Wasserkocher und zwang mich, ruhig daneben

zu stehen, bis das Wasser sprudelte. Dann füllte ich meine Lieblingstasse mit dem heißen Wasser auf und wartete wieder, bis das Wasser mittels beigefügter Blätter zu Tee mutiert war. Schwer ließ ich mich auf mein geliebtes Sofa fallen.

Meine Gedanken kreisten weiterhin um diesen Trottel von Postangestellten in unserer städtischen Hauptpost. Die Bemerkung des älteren Herren, dass die Postler hier immer so unhöflich wären, half mir auch nur bedingt auf die Beine.

Als ich nach meiner Riesen-Lieblings-Teetasse griff, fiel mein Blick auf das gelbe Holzkästchen. Ich trank ein paar Schlucke, hielt aber meine Augen auf das Kästchen gerichtet. Nachdem ich die Tasse aus meinen Händen entlassen hatte, nahm ich das Kästchen auf. Vorsichtig, so als würde ich erwarten, dass mir sein Inhalt ins Gesicht springen würde, schob ich das Deckelchen auf.

Da lag er, ruhig und unbeweglich auf seinem Samt und doch ging etwas Lebendiges von ihm aus. Ich nahm ihn heraus, wog ihn in der Hand, spielte mit ihm und hielt ihn plötzlich, vielleicht sogar ohne mein Zutun, in Schreibhaltung. Und genau in diesem Augenblick spürte ich ein starkes Verlangen, mit diesem Stift zu schreiben. Ich sprang auf, suchte meinen Block hervor und setzte mich an den Schreibtisch.

Ohne mein Zutun, zog der Stift oben, auf dem so jungfräulichen Papier, einen horizontalen Strich über die volle Breite des Bogens, etwa drei Zentimeter unter dem Blattabriss. Ein Längsstrich folgte in der Mitte des Blattes. Dann hatte ich das Bedürfnis, es kam von den Fingern der Hand, die den Stift hielt, etwas in die linke Spalte zu schreiben und ich schrieb:

Was	
will	
ich	
aufschreiben?	
	das
	was
	mir
	auf
	der
	Post
	passiert
	Ist

Die Antwort in der rechten Spalte gab mir der Stift.

Meine rechte Hand wurde zur linken Spalte gezogen und schrieb:

Was	
ist	
auf	
der	
Post	
geschehen?	

Ohne großes Zögern zog der Kugelschreiber weiter zur rechten Seite der Tabelle und schrieb mir die Antwort nieder:

	- unfreundliche
	Angestellte
	- keine
	ordentlichen
	Antworten
	auf
	meine
	Fragen
	- keine
	Hilfe
	bei
	der
	Abfertigung

Zügig ging es nun von links nach rechts und zurück.

Was	
heißt	
unfreundlich?=>	
	- schnippische

	Antworten
	- nicht
	kompetent
	- nicht
	interessiert
	am
<=	Kunden
Was	
heißt	
keine	
Hilfe? =>	
	- bekam
	nur
	ein
	Formular
	ohne
	Erklärung
	was
	ich
	wie
	machen

	soll
	- bekam
	auch
	nicht
	den
	Namen
	des
	Angestellten

Nur kurz setzte der Stift ab, bis mir dazu eine nächste Frage einfiel.

Wer	
bin	
ich	
dass	
ich	
mir	
so	
etwas	
gefallen	
lasse?	

Der Stift glitt nach rechts und gab mir weitere Antworten und darauf folgende Fragen:

	- Frau
	mit
	Anliegen
	- Kundin
	- freundlich
	- habe
	Erfahrung
	im
	Kundenumgang
	-Verkäuferin
Was	
verkaufe	
ich	
	Kleidung
Was	
die	
Post?	
	Dienstleistungen

Ich bemerkte, dass ich dieses Frage-und Antwortspiel ja nun

bis ins kleinste Detail ausführen konnte, mit Fragen zum Verkauf, dem Ablauf der Kundengespräche, die Behandlung der Kunden, meine Reaktionen auf Anfragen der Kunden und Kundinnen in meinem Geschäft.

Aber im Moment hatte ich noch ein paar wichtigere Fragen, die ich von meinem Kugelschreiber beantwortet haben wollte.

Frage	Antwort
Muss	
ich	
mir	
das	
gefallen	
lassen? =>	NEIN
Was	
heißt	
muss? =>	- Suggestion
	von
	anderen
	um
	etwas
	zu

Frage	Antwort
	tun,
	- gar nichts
	- ich
	kann
	soll
<=	darf
Was	
heißt	
das? =>	Dass
	ich
	auch
	ablehnen
<=	darf
Was	
darf	
ich	
ablehnen? =>	
	alles
	was

Frage	Antwort
	mir
	nicht
	gefällt
	weil
	gefallen
	etwas
	Positives
<=	hat
Was	
war	
dieses	
Erlebnis	
für	
mich? =>	

Und hier gab mir der Stift eine völlig unerwartete Antwort:

	das
	Geschehene
	war
	negativ

	aber
	für
	mich
	war
	alles
<=	Positiv
Wieso	
gibt	
der	
Stift	
mir	
diese	
Antwort? =>	
	ich
	fand heraus
	wie
	ich
	niemals
	Kunden
	behandeln
	möchte

	WOW

Hier legte ich den Stift aus der Hand und schaute erst einmal perplex auf die beschriebenen Seiten.

Es handelte sich um eine Art Tabelle und mir fiel auf, dass in der linken Spalte immer Fragen und in der rechten immer die Antworten auf diese Fragen standen. Weiterhin konnte ich aus dem Notierten einen roten Faden entdecken. Aus jeder Antwort ergab sich eine neue Frage, die wiederum automatisch zu einer neuen Antwort führte.

Was mich allerdings am meisten verblüffte, war die Tatsache, dass aus meiner ursprünglichen wutzitternden Frage eine für mich positive Antwort oder auch Erkenntnis entstanden war.

Ich war also nur so wütend auf diese Leute, weil ich meine Kunden nie, nie so behandeln würde! Und deshalb möchte ich auch niemals selbst so behandelt werden.

Eine fantastische Lösung!

Und genial einfach dazu.

Mein Tee war inzwischen kalt geworden.

Meine Wut war nun verraucht und vom Winde verweht und ich glaube, ich behandelte meine Kunden in den nächsten Tagen noch höflicher als ich es sonst schon tue.

Dabei faszinierte mich der Gedanke, wie schnell aus einem schlechten Erlebnis ein für mich gutes entstanden war.

Joy rief an.

Voller Begeisterung erzählte sie mir von ihren Wanderausflügen, den steinigen Stränden und dem blaugrünen Meer.

„Und bei dir alles okay?"

„Na so lala. Die Chefin zickt mal wieder rum. Sie findet es nicht so gut, wenn ich so viel Zeit mit einer Kundin verbringe und sie bei der Auswahl ihrer Stücke berate. Sie ist der Meinung, die Kunden sollten das allein können. Da ich durchaus eine andere Meinung dazu vertrete, rasseln wir selbstverständlich dauernd aneinander."

Meine Freundin reagierte gar nicht auf meine Beschwerde. Statt dessen hatte sie nur das Wort Kleidung aufgeschnappt und ließ sich nun darüber aus, wie schlecht die Touris gekleidet wären.

„Du wirst es nicht glauben. Sogar am Abend, zum Ausgehen wohlgemerkt, latschen die meisten Männer mit ausgewaschenen Shorts und primitiven Achselshirts durch die Gegend. Auch die wenigsten Frauen sind wirklich schick angezogen. Sie schlappen in Flip-Flops neben ihren Männern her und beweisen auch nicht viel mehr Stil als ihre Partner. Und was die Touris nicht tun, das übertreiben die Einheimischen hier, da vor allem die Frauen. Die Models zeigen es gerade auf dem Laufsteg und die Damen haben es schon an, noch dazu wirklich teuer bezahlt. Glaub mir, liebe Irene, das wäre der passende Spielplatz für dich.

Sei nicht sauer, aber ich fühle mich sehr gut. Gleich treffe ich mich mit Freunden und wir gehen ins „Walk in" in der Altstadt. Da spielen heute wieder die beiden Australier Graeme und Andrew und da wird es wie immer eine tolle Party geben."

„Na dann..."

Alles Liebe, Irene. Ich melde mich wieder!"

Ein Knacks und Stille in der Leitung.

Ich war von den Socken, saß da und hielt noch immer den Hörer in der Hand.

Es war aber auch unglaublich – meine Freundin, meine beste Freundin, hatte mir einfach nicht zugehört. Ein gutes Stück weit konnte ich sie sogar verstehen. Sie spannte aus, war in Urlaub, traf nette Leute, machte Touren per Bus oder Auto, sah viel Neues und war einige Kilometer von Deutschland und dem Arbeitsalltag entfernt. Doch ein wenig Verständnis hätte sie schon aufbringen können, oder?

Ich beschloss, deprimiert wie ich war, meine unangenehmen Gedanken mit etwas Fersehhokuspokus zu überlagern. Ich schwang meinen attraktiven, relativ schlanken Körper, wenigstens etwas Positives in diesem traurigen Moment, in die Sofaecke und griff, noch in demotivierenden Gedanken, nach der Fernbedienung mit ihren bunten Knöpfen. Was ich allerdings ergriff, war... nun, das gelbe Kästchen.

Ich schaute auf das Ding in meiner Hand und ein Gefühl von energetischer Aktivität tröpfelte, ausgehend von meinen Fingern, den Arm herauf, überfiel langsam und stetig meinen Körper.

Warum eigentlich nicht?

Das aktive Schreiben war dem passiven Rumsitzen wohl doch vorzuziehen.

Irrte ich mich oder spurteten kleine Glücksgefühle über meine Datenbahnen, dass ich etwas Sinnvolles tun wollte? Wie ein erstes Zeichen des Dankes drang ein Lächeln von meiner Festplatte auf mein Gesicht.

Schlagartig fühlte ich mich besser, lebendiger und so legte ich los. Oder war es doch nur der Stift?

Der Kugelschreiber führte wieder meine Hand und schrieb auf

das leere Blatt:

Was finde ich an meiner Arbeit...

und nachdem er das unvermeidliche Tabellenkreuz gezeichnet
hatte, auf die linke Hälfte

negativ	positiv
- zickige	- Kontakt
Chefin	mit
- kleiner	Menschen
enger	haben
Laden	- mir
- dunkel	Kunden-
- billige	stamm
Spiegel	aufgebaut
- unbequeme	- meine
Kabinen	Meinung
	zählt
	- Erfahrungen
	meiner
	Typberatungsarbeit
	einbringen

Danach ging der Stift wieder zur Frageform über.

Frage	Antwort
Was	
kann	
ich?	
	- beraten
	- verkaufen
	- typgerecht
	anbieten
	- auf
	den
	jeweiligen
	Kunden
	eingehen
Wer	
bin	
ich?	
	- sehr
	gute
	Verkäuferin
	unzufrieden

Warum	
bin	
ich	
unzufrieden?	
	- kann
	meine
	Möglichkeiten
	nicht
	ausschöpfen
	- Laden
	unschön
	- kein
	Spaß
	bei
	der
	Arbeit

Die nächste, vom Kugelschreiber gestellte Frage fand ich dann schon sehr interessant.

Was	
will	
Ich?	

	- Zufriedenheit
	beim
	Arbeiten
	- zufriedene
	Kunden
	- Freude
	am
	Verkauf
	- Anerkennung
	für
	mein
	Wissen
	und
	Können
Wo	
will	
ich	
das?	

	- heller
	Laden
	- groß
	- Qualitätsspiegel

Der Wunderstift flitzte nur so über das Papier und meine Hand kam kaum nach.

Was	
kann	
ich	
tun?	
	- die Situation
	verändern
	-verbessern
Wie	
tue	
ich	
das?	
	- ich

	suche
	einen
	Laden
	der
	meinen
	Anforderungen
	genügt

Buff!

Der Stift machte eine Pause und lag still in meiner Hand.

Was hatte er da zuletzt geschrieben?

Ich suche?

Das würde ja bedeuten, ich müsste mich nach einer neuen Arbeitsstelle umsehen. Genau das war es, was der goldene Schreiber von mir forderte.

Unfassbar!

Ich war Mitte Vierzig. Das war kein Alter mehr, wo man hier in Deutschland mal schnell eine Arbeitsstelle wechseln konnte. Außerdem lag der Laden gleich um die Ecke und so hatte ich einen super Arbeitsweg.

Aber andererseits? Die meiste Zeit des Tages verbrachte ich in genau diesem Geschäft. Tage, die sich zu Wochen, Monaten und Jahren ansammelten.

Träumend saß ich in meiner Couchecke.

Es wäre schon schön, einen Arbeitsplatz zu haben, der einem gefiel, nette Arbeitskollegen, einen verständnisvollen Chef, der auch mal Worte der Anerkennung finden würde und nicht immer nur seine Giftcocktails gegen Verkäufer und Kundschaft austeilen würde. Eine Arbeit, die jeden Tag zu einem guten, erfolgreichen Tag macht.

Dieser Tagtraum verfolgte mich in der nächsten Woche. Er war hartnäckig, hatte an meinen Wunschsynapsen Anker geworfen. Und ich ertappte mich dabei, dass ich begann, in den Stellenanzeigen zu lesen und auch jedes Aushängeschild in sämtlichen, auch branchenfremden Läden, genau in Augenschein zu nehmen.

Der kommende Donnerstag war mein freier Tag und ich beschloss, in die Stadt zu fahren und meine Einkäufe mal woanders zu erledigen.

Ich bummelte durch die Straßen und traf irgendwann auf ein Geschäft, das ich noch nicht kannte. Neugierig schaute ich durch die Fenster. Das war ein Geschäft nach meinem Geschmack. Es war alles so, wie es sein sollte. Drei Seiten des Ladens bestanden aus Glas, aus der Tiefe leuchteten helle Lichter. Sogar von hier draußen konnte ich die großen Umkleidekabinen sehen. Zwischen den Ständern war genügend Platz, dass drei Leute aneinander vorbei gehen konnten.

Was soll ich sagen, ich verliebte mich in diesen Anblick.

Aber die Euphorie dauerte nur wenige Herzschläge lang. Was ich da drinnen als Verkäuferinnen und Verkäufer laufen und stehen sah, waren durchweg sehr junge Damen und Herren.

Mittlerweile war ich bis zur Eingangstür heran gewandert. Und was sah ich da mit meinen großen staunenden Augen? Ein Stellenangebot!

Aber, wie konnte es auch anders sein, dafür war ich um etliche Jahre zu zeitig geboren. Na ja, warum hätte auch auf Anhieb alles passend sein sollen. Wunder gibt es nur in Märchen, das lernt man als Erwachsener ziemlich schnell.

Trotzdem beschloss ich, einen Blick in meinen Traumladen zu werfen und ging hinein. Das Angebot war breit gefächert, von der jungen Mode bis hin zu den reiferen Damen und Herren, von Freizeit- über Tages- bis zur Festgarderobe. Ich lief wie ein kleines Kind zwischen den voll bepackten Ständern umher, schon dem Kaufrausch verfallen auf der Suche nach einem hübschen, sozusagen einem Erinnerungsteil für mich.
Dabei kam ich in die Nähe der Umkleiden und sah eine ältere Dame ein Kleid probeweise tragen und die junge Verkäuferin um Rat fragen. Und wie das so ist, da ging mein Verkaufsego mal wieder mit mir durch, als ich die lobenden Worte der jungen Dame hörte. Ich mischte mich in das Gespräch der beiden Damen ein.
„Entschuldigen Sie meine Aufdringlichkeit. Aber das Kleid, dass Sie jetzt tragen, kann ich Ihnen wirklich nicht empfehlen. Da möchte ich der Verkäuferin widersprechen."
Die ältere Dame wirkte im ersten Moment etwas säuerlich. Die Verkäuferin trumpfte auf.
„Aber es ist doch ein sehr schönes Kleid!"
„Da stimme ich Ihnen zu. Es ist wirklich sehr schön. Aber zu aller Erst steht Ihrer Kundin die Farbe nicht. Es macht sie blass. Die Dame ist ein Wintertyp. Sie braucht kräftige kalte Farben, um ihren Teint zum Strahlen zu bringen. Und wenn ich das sagen darf, Ihnen würde auf Grund Ihrer schönen fraulichen Hüften ein fließender Schnitt wesentlich besser stehen, als ein jäher Bruch in Ihren femininen Körperlinien, wie durch die Taillierung in diesem Kleid."
Die Kundin schaute erst mich sehr kritisch an, dann mit dem selben Blick wieder in den Spiegel.
„Also, wenn Sie meinen…"
Die Verkäuferin war nun mehr als pikiert, drehte sich auf dem Absatz herum und murmelte im Weggehen etwas von Chef

informieren.

Ich schaute die Frau vor mir an.

„Ich wollte das Kleid wirklich nicht schlecht machen oder Ihren Geschmack. Aber für Sie wäre es einfach nicht passend und es wäre doch schade, wenn es nach dem ersten Mal tragen nur noch im Schrank hängen würde, weil jeder Sie fragen würde, ob Sie sich nicht wohl fühlen oder gar krank sind.“

„Was würden Sie der Dame denn empfehlen?“

Ich drehte mich nach der dunklen Männerstimme um, die sich so plötzlich in den Disput einmischte. Ich erblickte einen jungen Mann, circa dreißig Jahre jung, mit dunklen Locken, sehr braunen Augen und einem erwartungsvollen und vielleicht auch neugierigen Blick. Er stellte sich vor.

„Mein Name ist Decker, Paul Decker. Ich bin der Filialleiter.“

Ach du meine bunte Gemüsesuppe! Auch das noch. Da hatte ich wahrscheinlich wieder das größte Fettnäpfchen erwischt, was nur rum stehen konnte. Die junge Dame versteckte sich hinter ihrem Chef und grinste jugendlich verkannt.

Ein wenig verunsichert, entschuldigte ich mich. Aber ebenso schnell, wie dieses Gefühl in mir aufgestiegen war, ebenso schnell verflog es.

„Ich wollte Ihrer Verkäuferin oder dem Geschäft nicht schaden. Aber ich verkaufe selbst in einem kleinen Laden und habe auch eine Farb- und Typberatung absolviert. Und manchmal bin ich dann auch einfach etwas vorschnell, wenn ich privat unterwegs bin und mit bekomme, dass sich jemand etwas kaufen möchte, was seinem Typ nicht gerecht wird.“

Ich holte Luft, hatte ich doch viel zu schnell gesprochen.

Der junge Mann lächelte nicht.

„Ich bitte Sie nochmals: Was würden Sie unserer Kundin empfehlen?“

An die Dame gewandt, der es sichtlich gefiel, im Mittelpunkt der Aufmerksamkeit zu stehen, fragte er sie nach ihrer Konfektionsgröße und zeigte mir dann die entsprechende Abteilung.

Ich schaute prüfend über die Ständer und das eisblaue Kleid fiel mir fast von selbst in die Hände. Auch der Schnitt passte. Ich hielt es der Kundin hin.

„Wenn Sie dieses Stück bitte einmal anprobieren möchten?"

Was wir wenige Minuten später sahen, ließ uns alle gemeinsam staunen. Der Schnitt des Kleides wies keinerlei Taillennähte auf. Nur zwei Abnäher brachten die Taille in Form. Der Rock umspielte die Hüften, betonte die Figur ohne aufzutragen. Das kalte Blau ließ den Teint der Kundin gesund und frisch erstrahlen und das Weiß ihrer Haare leuchtete. Der Filialleiter konnte sich ein Lob nicht versagen.

„Eine gute Wahl!", richtete er das Wort an mich und für die Kundin fand er auch ein Kompliment.

„Madame, Sie sind ein Hingucker."

Die Dame strahlte mit der Farbe des Kleides um die Wette. Sie bedankte sich herzlich bei mir und bemerkte noch, dass es sehr schade war, dass ich nicht hier in diesem Geschäft arbeiten würde.

Herr Decker plauderte noch ein wenig mit mir und ich hinterließ wenig später meine Telefonnummer, bevor ich meinen Traumladen verließ.

Bei meinen weiteren Einkäufen vergaß ich bald die nette Episode.

Ein Tag folgte dem anderen. Joy hatte sich ein-, zweimal gemeldet und ihre gute Laune versprüht wie eine Feuerwehr ihr Löschwasser im Einsatz.

Nach einem dieser Anrufe verfiel ich ins Grübeln und fragte mich, warum ich das Gefühl hatte, dass meine Tage nicht so viel Gutes und Erzählenswertes für mich bereit hielten. Irgendwie gab es zu wenige positive Eindrücke, die länger im Gedächtnis haften blieben.

War das wirklich so?

Ich schielte auf das gelbe Kästchen. Was würde wohl der goldene, Tigeraugen besetzte Edelschreiber dazu sagen?

Von meinem neugierigen Blick auf das Kästchen bis zum Herausnehmen des Bewohners war es fast nur ein Lidschlag.

Und wenigstens Er, der Kühle, erwies sich als treuer Partner.

Er schrieb sofort los:

Was war heute für mich

negativ	**positiv**

plus seine zwei Linien, horizontal und vertikal.

negativ	positiv
- Regen	-zwei
- Kühle	nette
- wenig	Kundinnen
Kunden	
- nur	
zwei	
Teile	
verkauft	

- Kollegin	
krank	
- Chefin	
hatte	
schlechte	
Laune	
- neue	
Modelle	
nicht	
angekommen	
- Mittagspause	
ausgefallen	
- kein	
Einkauf	
- leerer	
Kühlschrank	

Das war ja wirklich nicht gerade ein tolles Ergebnis. Da standen nur negative Dinge, die mir heute passiert waren. Die Aufzeichnung gab meinem schlechten Gefühl noch Zündstoff wie einem trockenen Reisigbündel in der Wüste.

Ich ließ es dabei bewenden. Allerdings trieb mich eine innere Stimme, das Papier noch nicht zu zerreißen. (Es war ja keiner da, der meine wehleidigen Gedanken hätte lesen und beurteilen können.). Nachdem ich mir einen frischen Roibuschtee aufgebrüht und den ersten Schluck genossen hatte, nahm ich mir vor, am nächsten Abend wieder so den Tag für mich aufzunotieren.

Ich schüttelte, verwundert über mich selbst, den Kopf. So eine wirklich unnütze Idee zu verfolgen und das Unangenehme, was schon einmal am Tag geschehen war, nochmals auf den Plan und in den Kopf zu holen!

Doch die Idee war fest geschrieben in meinen Kilometer langen Gehirnwindungen und ließ sich aus ihrer neuen Heimat nicht mehr vertreiben. Also tat ich, was meine Gedanken, oder war es vielleicht doch so ein Voodoo-Zauber von meinem metallenen Zauberstab, mir auftrugen. Ich tat es eine ganze Woche lang und war erstaunt, was ich da so zusammen schrieb.

Das Blatt vom siebten Tag verglich ich dann mit dem von mir zuerst Aufgeschriebenen. Das Ergebnis war so verblüffend für mich, dass ich es fast nicht glauben konnte. Obwohl sich rein gedanklich alle Tage gleich angefühlt hatten, standen jetzt auf meiner positiven Seite wesentlich mehr Punkte notiert als auf der negativen.

Meine Liste vom letzten Tag sah so aus:

negativ	positiv
- eine	- frischer
Kundin	Regen

möchte	- Kollegin
Spezialmodell	auf
leider	Weg
ausverkauft	der
	Besserung
	- Chefin
	hält
	sich
	raus
	- kann
	allein
	arbeiten
	- Wegfall
	der
	Mittagspause
	brachte
	zwei
	Kilo
	Gewichtsabnahme

	- nur
	fünf
	Kunden
	heute
	- ausreichend
	Zeit
	für
	jeden
	- Laden
	geputzt
	- Bestellung
	schon
	geschrieben

Was das Erstaunlichste war – Dinge, die vor einer Woche noch auf der Negativseite standen, hatte ich auf die positive übernommen. Und ich sah sie tatsächlich jetzt anders. Wenige, aber dafür gute Kunden, für die ich so ausreichend Zeit zur Verfügung hatte. Sie kauften und das auch mitunter mehr als nur ein Stück aus unserer Kollektion, fanden Dank meiner Beratung ein passendes Accessoire.
Nachdem ich alle beschriebenen Seiten zerrissen und den

Papierkorb damit gefüttert hatte, fühlte ich in mich hinein. Meine Laune und Einstellung zu Tag und Geschäft hatte sich während dieser Woche im Kopf sichtbar ins Positive verwandelt. Gefühlsmäßig konnte ich das nachvollziehen. Ich fand in mir einen ruhenden Pol, fühlte mich ausgeglichener, weil nicht mehr so schnell auf die Palme kletternd wie einer unserer Vorfahren bei unschönen Ereignissen oder stressigen Situationen. Diese Ruhe hatte dazu geführt, die Dinge um mich herum nicht mehr so wichtig zu nehmen, Sachen, die passierten, als gegeben anzuerkennen und das Beste für mich aus diesen widrigen Umständen heraus zu holen.
Ich saß in meiner geliebten Sofaecke und fühlte in mich hinein. Und was soll ich sagen, dieses innere, neue Gleichgewicht fühlte sich unwahrscheinlich gut an!

Später fragte ich mich, ob es gut war, all die Blätter, in die ich so viel Zeit und Tinte investiert hatte, zu zerreißen. Erstaunt stellte ich fest, dass ich alle Notizen noch aus dem Gedächtnis abrufen konnte. Es geht also kein Gedanke, keine Idee verloren. Ich erkannte gleichzeitig einen weiteren großen Vorteil dieser Vernichtungsaktion. Keines der Blätter würde herum liegen, niemand bekam Einblick in meine privaten Gedanken, Probleme und Feststellungen. Und, für mich ein Pluspunkt, sogar im Geschäft konnte ich in freien Minuten eine Frage abarbeiten. Ich war dadurch in der Lage, meine anstehenden Fragen und Probleme selbständig zu lösen, ohne Hilfe von außen oder Inanspruchnahme fremder Personen. Das wiederum brachte mir die Möglichkeit, alles, auch wirklich alles aus mir heraus zu lassen. Ich hatte eine Möglichkeit entdeckt, mich und mein bisheriges Leben vollkommen

ehrlich zu erforschen.
Was hatte ich da schon wieder herausgefunden? Ich schrieb
es auf.

Frage	Antwort
Soll	
ich	
mich	
mit	
meiner	
Vergangenheit	
auseinandersetzten?	

Die Antwort für mich lautete eindeutig: JA!
Oft hatte ich in Büchern gelesen, dass man die Vergangenheit
ruhen lassen soll und nur nach vorn schauen darf.
Aber mit Hilfe der Fragen und Antworten, die ich mir nun
stellte, fand ich für mich eine andere Wahrheit heraus. Es gab
Situationen in meinem Leben, wo ich einen Fehler wiederholt
gemacht habe. Hätte ich mir die Sache nach dem Geschehen
ordentlich überlegt, wäre das sicherlich nicht ein zweites Mal
passiert. Für mich eine klare Erkenntnis aus diesem
neuerlichen Rendezvous mit meinem schlanken und gut
aussehenden Privatlehrer.
Apropos schlank und gut aussehend.

Da fallen mir doch glatt die wenigen Männer in meinem Leben ein. Auf zum nächsten ereignisreichen Kapitel meines Lebens mit der Überschrift: Partnerschaften.

Das, was mir da aus der Kulimine floss, wurde mit jeder Frage und mit jeder Antwort spannender. Wer mir da so alles in den Sinn kam! Es gab so viel lustige und auch Schmerz verursachende Geschehnisse. Nun gerade bearbeitete ich Jochen und ich schrieb auf, was mir einfiel:

Wo habe ich ihn damals kennengelernt?

Wie haben wir uns gefunden?

Warum wählte ich ihn und nicht seinen unverheirateten Freund?

Wo haben wir gelacht?

Wann haben wir uns gestritten?

Wann haben wir uns getrennt?

Warum habe ich das so schwer verkraftet?

Ich wische mir die Augen. Zwei Tränen rollen aus den Augenwinkeln über meine Wangen. Ich fange sie mit der Zunge auf und schmecke das Salz. Unglaublich. So eine Bestandsaufnahme bringt jede Menge Gefühle aus dem tiefsten Vulkankrater meiner versteckten vergangenen zwischenmenschlichen Beziehungen. Trotzdem genieße ich das Aufschreiben irgendwie. Es ist schwer in Worte zu fassen, es ist wie eine Grundreinigung meines Autos, wo ich auch keinen Fussel übersehen möchte.

Es ist ein Abenteuer in meinem privaten Dschungel der Erfahrungen.

Es ist eine spannende Reise, frei nach Jules Verne, zu meinem eigenen Mittelpunkt.

Es ist ein Aufdecken von Fehlern und Finden von bereits gemachten Erfahrungen.

Der Stift schrieb Vieles für mich auf (oder war das vielleicht schon ich selbst) und was mir dabei auch nicht gefiel, er/ich schrieb viele Dinge auf, die ich falsch gesehen, falsch verstanden, falsch interpretiert hatte.

In letzter Instanz machte er mich (oder war das meine ureigenste Erkenntnis) für all das verantwortlich, was in meinen Beziehungen nicht funktioniert hatte. Starker Tobak! Aber ich fand auch heraus, dass ich bei dem einen oder anderen alles bekommen hatte, was er zu Geben bereit war. War die Beziehung nicht mehr vom Lernen und Wachsen aneinander geprägt, haben wir uns im besten Einvernehmen getrennt. Wow! Was für große Worte, aber im Inneren hatte ich das Ziel einer Partnerschaft für mich gefunden und definiert.

Eine interessante Sicht der Dinge!

Dann, lieber Stift, beantworten wir uns doch mal folgende Fragen:

Wie stelle ich mir meinen zukünftigen Partner vor?

Was ist für mich in einer Beziehung wichtig?

Was erwarte ich von einer zukünftigen Beziehung?

Schwupps, da war ich schon über die Brücke von der Vergangenheit in die Zukunft gesprungen.

In dieser Nacht blieb ich lange wach, schrieb unzählige Fragen und Antworten und wieder Fragen auf mein weißes unberührtes Papier und lernte sehr viele schöne, neue, aber auch unangenehme Dinge über mich. Irgendwann zwischen Mitternacht und Morgen fiel ich ins Bett und schlief die wenigen Stunden bis zum Ertönen der leisen Musik meines Weckers tief, traumlos und durchaus zufrieden.

Am Abend des nächsten Tages läutete das Telefon. In der Annahme, es sei meine Freundin Joy, riss ich das Telefon voller Elan an mich, bereit, diesmal ihr all die guten Dinge zu erzählen, die mir passiert waren. Aber die dunkle Stimme war dann doch eine Überraschung.

„Hallo, Frau Brücken. Hier spricht Paul Decker. Erinnern Sie sich noch an mich?"

Aber klar, aber sicher tue ich das. Schlagartig erinnerte ich mich an meine außerplanmäßige Beratung im Geschäft der Konkurrenz.

„Guten Abend, Herr Decker. Mit Ihnen habe ich tatsächlich nicht gerechnet."

Warum rief er an? Hatte die Kundin sich doch anders entschieden und das Kleid zurückgebracht? Oder hatte sich die kleine Verkäuferin über mich beschwert. Aber warum dachte ich so negativ? Ich kenne doch die Reaktionen meiner Kunden, also sehen wir, was er will.

„Frau Brücken, sind Sie noch da?"

„Ja."

„Ich hoffe, ich störe Sie nicht so spät am Abend."

„Nein, Herr Decker. Ich fragte mich nur gerade, warum Sie mich wohl anrufen."

„Das ist eine gute Frage. Frau Brücken, denken Sie noch immer daran, sich um eine andere Arbeitsstelle zu bemühen oder haben Sie bereits etwas gefunden?"

„Ja zum ersten Teil Ihrer Frage, nein zum zweiten. Ich bin momentan allein im Geschäft und da bleibt mir nicht viel Zeit für private Aktivitäten dieser Art."

„Das passt ja prima. Frau Brücken, können Sie sich vorstellen, hier bei uns zu arbeiten?"

Mir fiel vor Schreck fast das Telefon aus der Hand. Einige Male rutschte es von links nach rechts. Ich ging beim Haltekampf langsam in die Knie und fragte mich besorgt, ob die Verbindung schon unterbrochen war.

Aber Herr Decker war noch in der Leitung.

„Ich weiß gar nicht, was ich dazu sagen soll, Herr Decker. Ihr Geschäft ist genau das, was ich mir vorgestellt habe. Aber passe ich denn hinein? Sie haben doch nur so junge Verkäuferinnen und Verkäufer."

„Sehen Sie, Frau Brücken, das ist genau unser Schwachpunkt. Die jungen Leute verfügen noch über sehr wenig oder gar keine Erfahrungen im Verkauf, im Umgang mit den Kunden und ihren Wünschen. Und mir hat das, was Sie da vorgemacht haben, sehr gut gefallen. Frau Brücken, wir brauchen dringend jemanden wie Sie, der unser Team vielleicht ein wenig anleiten könnte? Was meinen Sie dazu?"

„Herr Decker, das kommt alles so plötzlich. Aber ja. Unter diesen Umständen würde es mich freuen, für Sie zu arbeiten. Dass ich mein Wissen weitergeben kann, gefällt mir dabei besonders."

„Okay, sehr gut. Wann haben Sie Ihren nächsten freien Tag, Frau Brücken?"

„Übermorgen. Ab Morgen ist die Kollegin wieder einsatzbereit."

„Dann sollten wir uns zusammen setzen und alles besprechen. Passt es Ihnen neun Uhr oder lieber zehn?"

„Zehn Uhr wäre gut."

„Dann bis Übermorgen, Frau Brücken und noch einen schönen Abend wünsche ich Ihnen."

„Gleichfalls, Herr Decker. Und vielen Dank!"

Ich wusste gar nicht, wie mir geschah. Da rief dieser Typ einfach hier an und gab mir genau das, was ich haben wollte. Ich erinnerte mich an all das dazu Geschriebene meines goldenen Freundes. Und – ich erkannte etwas. Hätte er mir nicht aufgeschrieben bzw. klar formuliert, was mich an meiner jetzigen Tätigkeit stört, dass ich unzufrieden bin, mich unterfordert fühle und mir für die nächste Zukunft eine interessantere Arbeit in einem angenehmeren Umfeld wünsche, dann hätte ich niemals herausgefunden, was mich bewegt, mir fehlt und ich mir vorstelle. Ich wäre nie losgezogen, um etwas zu suchen, was ich nicht kenne. Ich hätte meine innere Bereitschaft zur Veränderung nicht entdecken können. Ich hätte mein neues Wirkungsfeld nicht gefunden. Mein Leben wäre um eine Erfahrung ärmer. Ich persönlich hätte etwas Großartiges verpasst!

Für mich unmerklich, hatte sich mein Verhältnis zu meinem stummen Ratgeber mit der Edelsteinkappe verändert. Er lag nicht mehr einfach nur so herum und versuchte, mit seinen nicht vorhandenen Energiefingern nach mir zu greifen. Er hatte mich erfolgreich umgarnt und eingefangen. Aber von dem Stockholm-Syndrom mit ihm als Täter und mir als dem Opfer, war ich bereits genesen. Ich war selbst zum Täter geworden in einem langsamen Umwandlungsprozess, ähnlich einer chemischen Reaktion, wo zum Beispiel aus einfachem Kohlenstoff mit ein paar kleinen Tricks ein Diamant entsteht. Ich wurde zum Lenker des Prozesses und mein kleiner Trick war der Schreiber, der in seinem Holzhaus wohnte. Wir wurden Freunde. Alles, was ich wissen wollte, konnte ich ihn fragen. Er hatte immer Zeit. Keine Frage war je zu persönlich oder albern. Kein Thema war zu kompliziert oder gar tabu. Er wurde mein Kamerad und erster Ratgeber.
Schon sehr bald sollten wir neuen Schreibstoff erhalten.

Bereits zum Monatswechsel hatte ich meine neue Stelle angetreten. Die Chefin gestand, dass ich ihr mit dieser Entscheidung aus der Klemme half. Sie musste Kosten und damit einen Arbeitsplatz einsparen. Wir trennten uns in Freundschaft und ich durfte jeder Zeit mal wieder auf einen Kaffee vorbei schauen.

Im neuen Umfeld arbeitete ich mich schnell ein. Die jungen Kollegen und Kolleginnen ließen mich zuerst einfach nur machen, aber nach und nach kam doch der eine oder andere und bat um einen Rat. Ich war mehr als zufrieden mit meiner neuen Tätigkeit.

An einem Samstag Vormittag herrschte wie meist etwas Trubel in unserem Geschäft. Mütter mit Kindern, die Verstecken spielten zwischen den Kleidungsstücken, Frauen, die lange wählten und probierten und ihre gelangweilten Ehemänner versuchten zu ignorieren und Leute mit Zeit, die das Gedränge und Geschubse mochten und einfach nur anwesend waren.

Ein paar aufgeregte Kinder erweckten meine Aufmerksamkeit. Sie schienen hinter etwas hinterher zu laufen oder zu bedrängen. Ich marschierte zielstrebig auf sie zu. Als ich dann einen Blick auf das verfolgte „Ding" werfen konnte, griff ich sofort ein. Ich nahm das kleine zitternde Bündel auf den Arm.

Für Hunde hatte ich schon immer ein Faible. Und dieser hier war ein besonders süßer Kerl. Ich setzte mich in Richtung der Hauptkasse in Bewegung und startete einen Aufruf , denn mein toller Laden verfügte auch über ein solches Rufsystem.

Ich musste nicht lange warten. Ein gut aussehender Endvierziger näherte sich uns und mein Fundhund wurde merklich unruhig auf meinem Arm. Vorsichtig setzte ich ihn ab und er schoss auf sein Herrchen zu wie eine aus dem Lauf gelassene Pistolenkugel.

„Ich danke Ihnen! Gerade hatte ich bemerkt, dass er verschwunden war. Aber ich konnte wegen der offenen Türen Ihren Aufruf hören. So ein Schlingel aber auch. Er weiß genau, wie er den Knoten der Leine auf bekommt."
Liebevoll schaute der Herr seinen Hund an. Dann streckte er mir seine Hand entgegen.
„Noch einmal recht vielen Dank! Äh, mein Name ist Heier, Bernhard Heier."
„Es freut mich, Herr Heier, dass ich Ihnen behilflich sein konnte. Aber vielleicht sollten Sie in Zukunft auf den Knoten verzichten und lieber einen Karabinerhaken an der Leine anbringen."
„Das mach ich gleich sofort und nochmals Danke."
Damit verschwanden Hund und Herrchen aus dem Laden und meinen Augen. Jedoch nicht aus meinem Leben!
In unregelmäßigen Abständen traf ich Herrn Heier in unserem Geschäft. Die kleinen Wortplänkeleien weiteten sich zu kurzen Gesprächen und längeren Diskussionen aus, gerade wie es meine Zeit erlaubte. Dem ersten gemeinsamen Kaffeetrinken folgten Besuche seiner Tierarztpraxis, wo ich immer wieder andere größere und kleinere, niedlichere und weniger freundliche Patienten kennenlernte. Mit Bossi, dem kleinen Wollknäuel, verstand ich mich prima. Ja, und langsam, langsam wurde daraus etwas Ernsthafteres. Und die sich daraus ergebenden Fragen konnte ich natürlich nur einer absoluten Vertrauensperson stellen, meinem magischen Stift! Wieder schrieb ich meine Fragen in der bekannten Art und Weise auf:

Soll ich mich auf ihn einlassen?

Will ich mit ihm leben?

Bin ich bereit für Kompromisse?

Sehr viele Seiten Papier beschrieb ich mit meinen Fragen und Antworten. Mit meinem Ergebnis war ich zufrieden. Ich würde es probieren, ich hatte nichts zu verlieren und ich konnte noch einiges von ihm lernen, wie z. B. seine Gelassenheit in allen Situationen, sein umfangreiches Wissen auf so vielen Gebieten. Wie ich reiste er sehr gern.
Meine Neugier trieb mich zu einem neuen Versuch. Ich probierte, ihn zu analysieren. Ich hatte Fragen über Fragen, bekam Antworten und musste irgendwann inne halten. Ich erkannte, dass alle Antworten zu meinen Gunsten ausfielen. Ich redete oder besser, ich schrieb ihn mir schön und ich war schon dabei, ihn so umzumodeln, wie er für mich passend war.
Mein Stift hatte „Halt!" gerufen und verweigerte mir den Dienst.

Was	
ist	
los?	

Die Antwort kam prompt und entsprach meinem Gefühl.

	Das
	darfst

	du
	nicht!
	Du
	willst
	einen
	Partner
	und
	keinen
	Hampelmann!
	Analysieren
	darfst
	du
	nur
	dich
	selbst.
	Du
	darfst
	nie

	bewusst
	manipulieren.
	Du
	veränderst
	das
	Leben
	des
	anderen
	und
	Deines.
	Das
	ist
	immer
	mit
	Schmerz
	verbunden!
	Jeder
	hat

	sein
	eigenes
	Leben.
	Halte
	dich
	daran!

Meine Güte, war der Gute sauer auf mich. Aber okay, ich hatte es verstanden. Ich darf alles tun, so lange ich es nur für mich tue und keinem anderen damit schade. Und wenn ich einen Menschen manipuliere, weiß ich nicht, ob er das genauso positiv sehen würde, wie vielleicht ich in diesem Moment. Auch der Lerneffekt des einen vom anderen würde eventuell verpuffen und ich würde niemals die Botschaft des anderen erhalten oder verstehen.

Und da war natürlich die Machtfrage, unverkennbar die offene und gefährliche Manipulation der Personen in einem solchen Umfeld.

Wie schnell konnte man sich selbst aus den Augen verlieren und nur noch an den anderen herum doktern.

Da war es wieder: Das Gute ging einher mit dem Bösen, das Negative barg das Positive. Das Wichtigste war die Erreichung der eigenen inneren Balance.

Wenn ich mich auf etwas einließ, eine Situation oder einen Menschen, dann konnte ich das so lange tun, wie es mir Vorteile brachte, welcher Art auch immer oder ich bewusst erhalten wollte. So lange es für mich in Ordnung war, war es

das. Änderte sich etwas an der Situation, ergab sich nicht das von mir Erhoffte, fing es an, nur Negatives zu erzeugen oder zu schmerzen, kam es zu Verlusten, dann musste alles, jede Konfiguration und jede beteiligte Person für mich und nur für mich neu überdacht werden. Auf jeden Fall hatte ich bei allem, was mir passierte, zu Erst den Fehler bei mir zu suchen. Eine harte Erkenntnis! Doch gleichzeitig machte sie das Leben auch einfacher. Ich würde lernen, mit Verlusten umzugehen, gleich welcher Art. Ich würde mich an den schönen Dingen und Gelegenheiten, die mein Leben mir bot, uneingeschränkt erfreuen können. Mein Schatz an Erfahrungen würde unaufhörlich wachsen. Ich würde lernen, das Leben nicht allzu ernst zu nehmen, weil ich die Gesetzmäßigkeiten erkennen und verstehen würde.
Ich war ein reicher Mensch mit all meinem Wissen!
Ich war eine reiche Frau mit der Liebe zum Leben, zu meinen Freunden und zu meinem neuen Partner!

Der Sommer wechselte so langsam in den Herbst über. Joy war in die heimatlichen Gefilde zurückgekehrt. Bei unserem nächsten Treffen hätten wir beide sehr viel zu erzählen.
Ich saß in meiner Couchecke. Die Sonne sandte immer noch warme Strahlen zum offenen Fenster herein. Für mich waren es zwei recht turbulente Monate gewesen, mit vielen Veränderungen und Neuerungen in meinem Leben. Ich hing meinen Gedanken nach, ließ sie laufen wie muntere Ponnies über eine Sommerwiese. Meine innere Sonne der Zufriedenheit strahlte mit der großen gelben Lebenskugel am Himmel um die Wette. In diesem Augenblick erkannte ich auch, was Joy an jenem Nachmittag im „Klosterstübchen" mit

ihrer Bemerkung über den Glauben ausdrücken wollte. Es war der Glaube an sich selbst, an mich und meine Möglichkeiten, mein Wissen und Können. Das hatte der kleine goldene, mein „magischer" Stift aus meinen tiefsten Tiefen alles herausgezogen. Damit einher gingen Entdeckerfreude und ein übergroßes Glücksgefühl. Und das wollte ich unbedingt mit jemandem teilen. Mit Joy tat ich das schon. Aber…
Freude und Wärme stiegen in mir auf.
Und eine Idee.
Genau!
Genau das würde ich tun.
Ich würde es nicht später oder Morgen, nein, ich würde es sofort erledigen.
Ich wusste auch schon, wen ich anrufen würde.
Ich wählte die Nummer und lauschte gespannt dem Klingelton.
„Ja bitte?"
„Hallo Georg. Hier ist Irene.
Ich würde Dich gern auf einen Kaffee einladen. Ich habe eine Überraschung für Dich."

NACHWORT

Liebe Leserin, lieber Leser,

wie Sie sicherlich unschwer erkannt haben, wird es unerheblich sein, mit welchem Stift Sie sich daran machen, sich selbst all Ihre für Sie wichtigen Fragen zu beantworten. Das für alle Wesentliche an dieser kurzen Geschichte ist die Art und Weise des Aufschreibens. Wenn die Methode auch nicht unbedingt neu ist, gibt es doch einige wichtige Punkte, die zu beachten sind, wie die Blatteinteilung, das Untereinanderschreiben der einzelnen Worte. Auf der linken Blatthälfte stehen immer die Fragen oder das Negative, rechts die Antworten bzw. das Positive.

Das Anliegen der Geschichtenerzählerin und des Konzeptentwicklers ist ein einziges: Probieren Sie es aus! Schreiben Sie alles auf, was für Sie wichtig ist, erkunden Sie Ihre Ziele und Wünsche für Ihre Zukunft! Sie werden feststellen, wie erholsam es ist, nur sich selbst fragen zu müssen, wie viel einfacher eine eventuelle Fehleranalyse ist, ohne Zeugen und Mitwisser: Eine Anleitung für ein positives selbst gestaltetes Leben in Eigenverantwortung!

Erfahrungsberichte

Lesen Sie auf den nächsten Seiten einige Meinungen von Menschen, die das PLP/ALK für sich selbst ausprobiert haben:

Nach dem Seminar begann jeder für sich sofort mit dem PLP zu arbeiten. Fragen wurden gestellt, andere Fragen tauchten auf, so dass ziemlich schnell zum Kern, zur eigentlichen Blockade, vorgedrungen werden konnte.
Da wir beide energetisch arbeiten und hellfühlend sind, spürten wir sofort die Auflösung der Blockade. Extreme Spannungen gingen weg, negative Gedankenformen konnten aufgelöst werden; manches offenbarte sich, das uns sehr in Erstaunen brachte.
So arbeiteten wir wochenlang immer mehr an eigenen Mustern und lösten durch gezielte Fragen vieles auf.
Uns wurde bald bewusst, dass das PLP auf einfache Weise Blockaden bei den Menschen löst, die tief im Unterbewusstsein verankert sind. Es gibt mehrere Wege, an solche Blockaden heran zu gehen, aber das PLP ist ein Programm, welches für jederman zugänglich ist. Letztendlich kommt es nur auf den Willen und das richtige Fragen an. Das Unterbewusstsein täuscht uns schnell etwas vor – durch das Ausspielen von positiv in negativ und negativ in positiv wird es ermöglicht, die Täuschung Schach matt zu setzen.

Erfahrungsbericht von **Stefan und Susanne**
(Lauterbach, D)

Vielen Dank für die Ausführung und Erklärung der Handhabung des von Ihnen entwickelten PLP-Programmes. Ziele werden klarer, Fehler (eigene) decken sich auf und können nun richtig „behandelt" werden. Auch die Sichtweise zum besseren Verständnis der anderen Menschen (besser hin hören, überlegen, wo deren Ängste/ Vorstellungen etc. liegen), dient der eigenen Verbesserung.
Das Beste ist aber die Erkenntnis, dass, was gedacht wird, auch zu einem zurück kommt…
Das PLP kann ich zu 100% weiter empfehlen!

Vielen Dank und Grüße
Jochen (Walldorf, D)

PLP zu machen, ist eine sehr effiziente Möglichkeit, an seine Themen zu kommen.
Dadurch, dass wir das PLP anwenden, beginnen wir, uns von anderen Menschen zu unterscheiden. Wir verändern uns. Diese Veränderung wird immer sichtbarer und ich spreche da von mir. Erst wenn mich jemand erkennt mit meiner Veränderung, dann wird es interessant, dass ich mich dazu äußern kann, jedoch nur, wenn ich angesprochen werde. Noch ist der Mensch zu faul, bequem, um etwas für sich zu tun, wenn nicht in erster Linie das Ego (sprich auch Macht und Geld) als erstes zu erhalten sind.
Mit alter Wolle einen neuen Pullover stricken, das ist verschwendete Zeit. Erst müssen die alten Muster erkannt und gelöscht sein und es bringt dann auch neue Wolle.
Ich empfehle das PLP allen Menschen, die wirklich bei sich hin schauen wollen. Es ist ein spannendes Erleben der eigenen Persönlichkeit mit all den Gefühlen, Ängsten, Freuden usw. in

Berührung zu kommen. Festzustellen, dass es durch das Bewegen (aufschreiben) ins Fließen kommt und die Form ändert. Es kann ganz enorm sein, es befreit und erleichtert. Braucht wenig Zeit, kostet nur seinen eigenen Einsatz. Den Gewinn bestimmt jeder selber. Es ist an der Zeit, damit anzufangen, wenn wir Menschen unsere Lebensqualität neu schaffen wollen…

Ich habe mein Schlafzimmer zum Büro umfunktioniert. Das ist auch ein Resultat vom PLP. Ich habe festgestellt, dass ich für meine Kreativität Raum brauche. Gerade jetzt wieder, wo ich keine regelmäßige Arbeit habe. Mein Arbeitsplatz hat nun Vorrang. Ich will Malen und Schreiben können, in dem Raum, wo ich viel Licht und Luft habe…

Es ist interessant und spannend, zu wissen, dass ich auch ohne sogenannte Arbeit arbeite und dabei zufrieden und guter Laune bin. Die Veränderung wird mich auch etwas finden lassen, was ich mir so nicht zutrauen würde. Das PLP kann schnell wirken. Es kann auch etwas dauern. Was es braucht, ist Geduld und warten können, damit sich die neuen inneren Konstruktionen auch im Außen zeigen können.

Also das PLP ist somit täglich und überall am Wirken, wenn man daran arbeitet und es zulässt. Danke, dass ich diese Möglichkeit kennenlernen durfte. Es ist für meine Arbeit und so, wie ich mir mein Leben in der Zukunft vorstelle und gestalten will, ein wertvolles Werkzeug.

Joy (Bern, Schweiz)

Anmerkung

Auch die Autoren entwickeln sich weiter. Ursprünglich hieß das Programm Problem – Lösungs – Programm. Das Wort Problem ist aber für uns negativ belastet. Schaut man in den Duden steht bei Problem: zu lösende Aufgabe. Das wiederum wirkt positiv, weil man etwas tun kann. Mittlerweile wurde aus dem Programm auch ein Konzept. Ein Programm ist etwas fest stehendes, ein Konzept wird erarbeitet und bei Bedarf auch überarbeitet. Deshalb nennt sich das PLP heute ALK: das Aufgaben – Lösungs – Konzept.

Der Denker…

ist seit über vierzig Jahren im Direktvertrieb tätig. Da bleibt es nicht aus, sich mit dem einzelnen Menschen intensiver zu beschäftigen. Der Mensch begegnet ihm als Entwickler, Erfinder, Hersteller und vor allem natürlich als Verkäufer und Kunde. Ein Schwerpunkt der Arbeiten von Heinrich Dreier ist die Ausbildung von Verkäufern. Dabei geht es nicht nur um hervorragendes fachliches Wissen. (Natürlich dürfen die Kniffe und Tricks auch nicht fehlen.) Aber wichtig ist ihm die persönliche Entwicklung jedes einzelnen. Um da erfolgreich zu sein reicht die bloße Weitergabe an Wissen nicht aus. Man muss sich für die Menschen, die etwas von einem lernen möchten, auch wirklich interessieren und sie zu Höchstleistungen bringen. Höchstleistungen die sie selber erreichen wollen. In den vielen Jahren seiner

Ausbildertätigkeit erkannte er bestimmte Muster und Verhaltensweisen, die immer wieder auftauchten. Heinrich Dreier hatte schon zeitig begonnen sich selbst, sein Arbeiten, seine Erfolge und auch Fehler zu analysieren. Diese Erkenntnisse aus privatem Lernen und der Ausbildung anderer ließen ihn dieses Konzept entwickeln.

Die Erzählerin…

verpackt Wissen, Aufgaben, Entwicklungen und Geschehnisse gern in einfach zu greifende Geschichten. Damit werden Zusammenhänge und Auswirkungen leichter verständlich und Handlungen und Ergebnisse bleiben besser im Gedächtnis als zum Beispiel eine trockene Gebrauchsanweisung.

Eine Erstlesermeinung

Hallo Heinrich,

ich bin jetzt gerade fertig geworden mit dem Lesen. Also ich finde, Gitta hat hervorragend geschrieben.

Das ALK wird hier in eine Geschichte verpackt und gleichzeitig anhand von Beispielen erklärt, wie man damit arbeitet. Grandios. Es ist KEINE trockene Gebrauchsanweisung, sondern eine wirklich nette Geschichte aus dem täglichen Leben.

(…)

Diese echt liebe Geschichte hat mich auch auf die Idee gebracht, das ALK nochmals durchzuarbeiten. Mit meinen eigenen Gedanken und Fragen. Die Idee mit dem Kugelschreiber ist entzückend, und auch das Ende, das eigentlich kein Ende ist, sondern dass sich die Geschichte durch Weitergabe des Kugelschreibers immer weiter fortsetzt. Das Buch müsst Ihr unbedingt verlegen. Ich denke, es müsste ein Verlag sein, der sich mit Weiterbildungslektüre befasst. Ebenso kommen auch Vermarktungen in Schulen in Frage, um auch Jugendliche beizeiten damit anzusprechen.

BRAVO an Gitta für die Idee mit der Geschichte, und an Dich für die Idee des ALK`s. Es ist wirklich etwas ganz besonderes.

(…)

Ich freue mich schon, wenn es ein Buch wird. Danke ,…,dass Du sie mir zum Lesen geschickt hast.

Liebe Grüße

Ilse

Schlussbemerkung

Möchten Sie mehr darüber erfahren?
Haben Sie Fragen?
Schreiben Sie uns, schicken Sie uns eine Mail, rufen Sie uns an.
Gern informieren wir Sie auch über Seminar- und Schulungsveranstaltungen.
Die Schwerpunkte liegen auf dem in diesem Büchlein vorgestellten ALK - Aufgaben- Lösungs-Konzept und Verkaufsschulungen für den Direktvertrieb.

Kontakt

Heinrich Dreier:

www.consult-dreier.de

Hier kann jeder das ALK herunterladen.

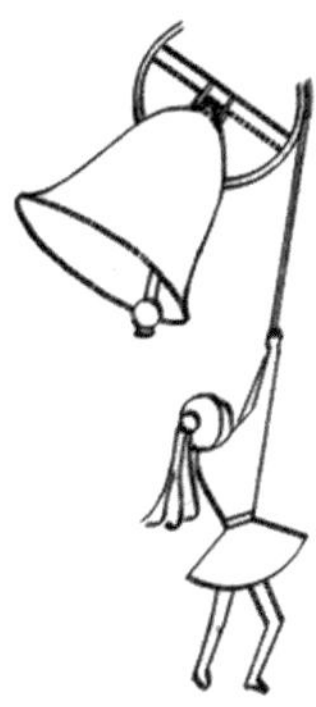